REINALDO DOMINGOS

# O COLECIONADOR DE SONHOS

ILUSTRAÇÃO: PATRICIA PESSOA

OI, EU SOU O AUTOR DO LIVRO, FUI EU QUE ESCREVI ESTA HISTÓRIA

Autor | Reinaldo Domingos

Coordenadora editorial | Renata de Sá

Projeto gráfico | Christine Baptista

Editora de arte | Beatrice Jacob

Ilustradora | Patricia Pessoa

Redatora | Renata de Sá

Revisora | Patrícia Dourado

OI, EU SOU A ILUSTRADORA DO LIVRO, FUI EU QUE DESENHEI ESTA HISTÓRIA

**DADOS INTERNACIONAIS DE CATALOGAÇÃO NA PUBLICAÇÃO (CIP)**
**(CÂMARA BRASILEIRA DO LIVRO, SP, BRASIL)**

Domingos, Reinaldo
O colecionador de sonhos / Reinaldo Domingos; (ilustração Patricia Pessoa) -- São Paulo : Editora DSOP, 2019.

ISBN 978-85-8276-334-6

1. Dinheiro - Literatura infantojuvenil
2. Finanças - Literatura infantojuvenil
I. Pessoa, Patricia. II. Título

19-26056 CDD-028.5

**ÍNDICES PARA CATÁLOGO SISTEMÁTICO**

1. Educação financeira: Literatura infantil 028.5
2. Educação financeira: Literatura infantojuvenil

## Querido leitor,

Meu nome é Reinaldo e, assim como você, eu já fui criança um dia. Desde pequeno, gostava de inventar histórias, criando um mundo de faz de conta. Cresci com a vontade de dividir com todas as crianças, as histórias que eu inventava. Esse era um dos meus grandes sonhos.

E eu consegui realizar. E você também pode realizar todos os sonhos que desejar. Basta seguir quatro passos que eu inventei e que estão aqui dentro.

Além de poder realizar sonhos, convido você para participar desta história comigo – pintando, desenhando, recortando... Espero que você goste!

Um forte abraço,
Reinaldo Domingos

AJUDE NICO A SELECIONAR
OS ITENS QUE ELE
LEVARÁ PARA A ESCOLA.
OS OBJETOS ESTÃO NA
ATIVIDADE NÚMERO 1.

NAQUELA MANHÃ, NICO ACORDOU CEDO PARA O PRIMEIRO DIA DE AULA.

APESAR DE QUERER CONHECER SEUS AMIGOS, NICO ERA BASTANTE TÍMIDO E NADA PARECIDO COM SUA IRMÃ MAIS VELHA, A LELÊ, QUE JÁ FREQUENTAVA A ESCOLA DE LAGOA BRANCA HAVIA UM TEMPO E CONHECIA TODO MUNDO.

QUANDO CHEGOU À PORTA DA SALA DE AULA DA PROFESSORA BIANCA, NICO ESTAVA COM UM POUCO DE MEDO, MAS, PARA A SURPRESA DELE, O PRIMEIRO DIA DE AULA FOI MUITO DIVERTIDO.

ELE FEZ TRÊS AMIGOS: ISA, MATHEUS E MÔNICA. E, A PARTIR DALI, SE TORNARAM INSEPARÁVEIS.

**NICO E SEUS AMIGOS ESTÃO APRENDENDO AS LETRAS DO ALFABETO E OS NUMERAIS. COMPLETE OS QUE ESTÃO FALTANDO.**

A i o u
1 3 4 5 6 7 8 9 0
D S O P

ALGUMAS SEMANAS DEPOIS, LELÊ CONTOU QUE A CLASSE DELA IRIA REALIZAR UM SONHO COLETIVO: UM FIM DE SEMANA EM UM HOTEL-FAZENDA.

PARA SURPRESA DO NICO E DOS SEUS AMIGOS, COMO AINDA ERAM MUITO NOVOS, NÃO PODERIAM IR.

UM DIA, PORÉM, A PROFESSORA BIANCA CONTOU QUE, COMO NÃO PODERIAM VIAJAR COM OS ALUNOS MAIORES, A CLASSE DE NICO REALIZARIA UM ACAMPAMENTO NA QUADRA DA ESCOLA.

NICO E SEUS AMIGOS VÃO PASSAR UMA NOITE ACAMPANDO NA QUADRA DA ESCOLA. QUE TAL AJUDÁ-LOS COLANDO LÃ NOS FIOS DOS TELEFONES DELES?

DE NOITE, NICO, ISA, MATHEUS E MÔNICA CONVERSARAM ANIMADOS SOBRE ESSA AVENTURA.

– A PROFESSORA BIANCA DISSE QUE TEREMOS PIQUENIQUE E BRINCADEIRAS À VONTADE ATÉ A HORA DE DORMIR – CONTOU NICO, ASSIM QUE ENCONTROU O AVÔ AMADEU.

– VOVÔ, EU DESCOBRI QUE NÃO TENHO SACO DE DORMIR – DISSE O MENINO, ENQUANTO PENSAVA EM TUDO O QUE LEVARIA PARA O ACAMPAMENTO.

– MAS VOCÊ SABE O QUE PRECISA FAZER, MEU NETO – DISSE AMADEU.

– SIM. USAR AQUELES QUATRO PASSOS QUE O SENHOR ME ENSINOU PARA REALIZAR SONHOS.

E NICO APLICOU O PRIMEIRO PASSO: DIAGNOSTICAR.

– EU PRECISO DE UM SACO DE DORMIR, MAS AQUI EM CASA NÃO TEM NENHUM.

EM SEGUIDA, APLICOU O SEGUNDO PASSO: SONHAR.

– O MEU SONHO VAI SER COMPRAR UM SACO DE DORMIR.

EM SEGUIDA, APLICOU O TERCEIRO PASSO: ORÇAR.

– TENHO 30 DIAS ATÉ O ACAMPAMENTO, MAS NÃO TENHO NENHUMA MOEDA. E AGORA, VOVÔ?

– VOCÊ PRECISA APLICAR O QUARTO PASSO: POUPAR – DISSE AMADEU.

VOVÔ AMADEU DEU AO NETO ALGUMAS MOEDAS* E DISSE QUE AGORA ELE TINHA COMO COMEÇAR A POUPAR PARA REALIZAR SEU SONHO.

{*NOTA DE RODAPÉ: AO DAR ALGUMAS MOEDAS, VOVÔ AMADEU OFERECEU AO NETO A MESADA VOLUNTÁRIA, QUE É QUANDO ALGUM PARENTE – PAIS, AVÓS, TIOS – DÁ UM VALOR EM DINHEIRO PARA A CRIANÇA ESPORADICAMENTE.}

SACO
DE
DORMIR

RECICLE
AQUI

NÃO SÓ NICO ESTAVA COM DIFICULDADES PARA ENCONTRAR TODOS OS ITENS PARA O ACAMPAMENTO. ISA PRECISAVA DE UMA LANTERNA; MATHEUS E MÔNICA, DOS INGREDIENTES PARA FAZER UMA SALADA DE FRUTAS.

O GAROTO CONTOU SOBRE OS QUATRO PASSOS QUE O AVÔ ENSINOU.

– E SE A GENTE PEDIR AOS VIZINHOS AS GARRAFINHAS PLÁSTICAS E AS LATAS DE SUCO? – DISSE ISA.

– E FAZEMOS O QUE COM ELAS? – QUIS SABER MÔNICA.

– TROCAMOS NO MERCADINHO POR MOEDAS*. MINHA MÃE SEMPRE FAZ ISSO – RETRUCOU ISA.

NICO, ISA, MATHEUS E MÔNICA TROCARAM LATINHAS E GARRAFINHAS NO MERCADO E CONSEGUIRAM O QUE FALTAVA PARA O ACAMPAMENTO.

{*NOTA DE RODAPÉ: AO SEPARAR AS GARRAFINHAS PLÁSTICAS E AS LATAS DE SUCO, AS CRIANÇAS ESTÃO PRATICANDO A MESADA ECOLÓGICA. AO TROCAREM ESSES ITENS, O VALOR PODE SER REVERTIDO E FAZER PARTE DA MESADA.}

QUANDO O GRANDE DIA, OU MELHOR, A GRANDE NOITE CHEGOU, NICO, ISA, MATHEUS E MÔNICA SE DIVERTIRAM DE MONTÃO.

BRINCARAM DE RODA, CONTARAM HISTÓRIAS, FIZERAM PIQUENIQUE... E, QUANDO ESTAVA BEM TARDE, TODOS FORAM DORMIR.

EXCETO NICO.

POR MAIS QUE QUISESSE, O GAROTO NÃO CONSEGUIA PREGAR OS OLHOS. CONTOU CARNEIROS, COMO SUA MÃE O ENSINOU.

6

5

4

CONTOU 1, 2, 3 ....
CONTOU ATÉ PERDER AS CONTAS,
E NADA DE O SONO CHEGAR.

**NICO NÃO CONSEGUE DORMIR. E SE PINTAR O SACO DE DORMIR AJUDASSE NICO A PEGAR NO SONO?**

QUANDO ESTAVA PRESTES A DESISTIR E A CHAMAR A PROFESSORA BIANCA...

– NICO?

– EU NÃO CONSIGO DORMIR, ISA. AQUI É MUITO ESCURO – FALOU O MENINO.

– O TETO DA QUADRA É DE VIDRO, DÁ PARA ENXERGAR AS ESTRELAS NO CÉU – REVELOU A GAROTA.

MESMO COM A DESCOBERTA, NICO AINDA NÃO SE SENTIA SEGURO. MATHEUS E MÔNICA TAMBÉM ACORDARAM AO OUVIR OS AMIGOS CONVERSANDO.

– E SE VOCÊ USAR OS PASSOS QUE O SEU AVÔ ENSINOU PARA REALIZAR ESSE SONHO DE DORMIR AQUI? – PERGUNTOU MATHEUS.

– ÓTIMA IDEIA – COMPLETOU MÔNICA. – O PASSO UM É FAZER O DIAGNÓSTICO, CERTO?

– ESSE É FÁCIL: EU NÃO CONSIGO DORMIR – REVELOU NICO.

– O SEGUNDO É O SONHO: DORMIR NO ACAMPAMENTO ESCOLAR. O TERCEIRO É DESCOBRIR O QUE FALTA – DISSE MATHEUS.

– FALTA PEGAR NO SONO – BRINCOU ISA. E O ÚLTIMO É POUPAR... QUER DIZER, USAR TODOS OS SEUS RECURSOS PARA CONSEGUIR DORMIR – FINALIZOU A GAROTA.

APÓS OUVIR OS ARGUMENTOS DOS AMIGOS, NICO PUXOU SEU SACO DE DORMIR PARA MAIS PERTO DELES.

PENSANDO NO PASSO A PASSO, O GAROTO FOI LENTAMENTE PEGANDO NO SONO ATÉ QUE FINALMENTE DORMIU. FOI NAQUELA NOITE QUE NICO DESCOBRIU QUE, ALGUMAS VEZES, PARA REALIZAR UM SONHO, É PRECISO SONHAR DE VERDADE.

# ATIVIDADES

**1.** QUAIS MATERIAIS VOCÊ ACHA QUE NICO DEVE LEVAR PARA A ESCOLA? RECORTE SOMENTE OS ITENS NECESSÁRIOS E COLE-OS PRÓXIMO À MOCHILA NA PÁGINA 7 DO LIVRO DE HISTÓRIAS.

atividade para sala de aula

**Habilidades de educação financeira**

- Desenvolver atividades referentes ao Pilar Diagnosticar;
- Diferenciar objetos necessários de supérfluos para o seu dia a dia.

atividade em sala de aula e em casa

**Habilidades de educação financeira**

- Desenvolver hábitos de economia por meio de escolhas conscientes.

**2.** VOCÊ SABIA QUE, COM MATERIAIS DE USO ESCOLAR, VOCÊ CONSEGUE FABRICAR UM BRINQUEDO? VAMOS FAZER UM *SLIME*, A MELECA QUE PODE SER LEVADA PARA QUALQUER LUGAR E DIVERTE A TODOS.

## MATERIAIS

- 1 TUBO DE COLA LÍQUIDA
- 1 TINTA GUACHE DA COR DE SUA PREFERÊNCIA
- GOTAS DE ÁGUA BORICADA
- RECIPIENTE E COLHER PARA MISTURAR
- SAQUINHO PLÁSTICO
- FITA ADESIVA

## MODO DE PREPARO

1. COLOQUE A COLA NO RECIPIENTE E, EM SEGUIDA, ADICIONE A TINTA GUACHE ATÉ FICAR COM O TOM DESEJADO.
2. MISTURE ATÉ UNIFORMIZAR. POR FIM, ACRESCENTE, GRADATIVAMENTE, GOTAS DE ÁGUA BORICADA, MISTURANDO ATÉ CHEGAR AO PONTO DE DESGRUDAR DO RECIPIENTE OU DAS MÃOS. SEPARE UM PEDAÇO DE SLIME E GUARDE DENTRO DE UM SAQUINHO PLÁSTICO. EM SEGUIDA, PRENDA COM FITA ADESIVA O SAQUINHO E ESPALHE O SLIME COM OS DEDOS.
3. PRONTO! AGORA VOCÊ E SEUS AMIGOS PODEM BRINCAR COM O SLIME E TAMBÉM COM O SAQUINHO SENSORIAL.

**Habilidades de educação financeira**

- Identificar a necessidade de planejamento para a realização dos sonhos.

**3.** HÁ ALGUNS ITENS QUE FAZEM PARTE DOS MATERIAIS QUE PRECISAMOS EM UM ACAMPAMENTO. A LANTERNA É UM DELES, POIS ELA SERVE PARA ILUMINAR UM AMBIENTE, MAS TAMBÉM PODE SER USADA EM UMA BRINCADEIRA COM SOMBRAS E LUZES. VEJA O PASSO A PASSO PARA CRIAR UMA LANTERNA DIFERENTE.

## MATERIAIS

- TESOURA SEM PONTA
- 1 ROLINHO DE PAPEL HIGIÊNICO OU DE PAPEL TOALHA
- COLA
- PLÁSTICO TRANSPARENTE
- ELÁSTICO
- MOLDES DESTACÁVEIS
- 1 LANTERNA COMUM PARA ILUMINAR

## MODO DE PREPARO

1. FAÇA UM CÍRCULO NO PLÁSTICO TRANSPARENTE QUE SEJA DOIS CENTÍMETROS MAIOR DO QUE A CIRCUNFERÊNCIA DO ROLINHO DE PAPEL.
2. DESENHE UM MOLDE E COLE-O NO CENTRO DO CÍRCULO DE PLÁSTICO.
3. EM SEGUIDA, ENQUADRE NO CENTRO DO ROLINHO E O PRENDA COM ELÁSTICO NA BORDA DO ROLINHO.
4. COLOQUE A LANTERNA COMUM DENTRO DA LANTERNA DE BRINQUEDO, APAGUE AS LUZES E VEJA O QUE ACONTECE. MUITAS HISTÓRIAS PODERÃO SER CONTADAS DESSA MANEIRA.

**4.** NICO E SEUS AMIGOS QUEREM VER AS ESTRELAS NO DIA DO ACAMPAMENTO E VOCÊ VAI AJUDÁ-LOS A CRIAR UMA LUNETA SEM GASTAR DINHEIRO PARA ISSO.

> atividade em sala de aula e em casa
>
> **Habilidades de educação financeira**
> - Entender que diversão não está aliada a altos custos;
> - Aplicar em seu dia a dia atividades que valorizem recursos que seriam descartados, resultando em economias.

## MATERIAIS

- 1 ROLINHO DE PAPEL HIGIÊNICO
- 1 ROLO DE PAPEL TOALHA OU ALUMÍNIO
- FIGURAS DECORATIVAS OU ADESIVOS
- COLA
- FITA DE TECIDO
- TINTA GUACHE
- PINCEL

## MODO DE PREPARO

1. COM O AUXÍLIO DO PINCEL, PINTE E DEIXE SECAR OS ROLINHOS COM TINTA GUACHE DA COR DE SUA PREFERÊNCIA. QUANDO OS ROLINHOS ESTIVEREM SECOS, COLE UM PEDAÇO DE TECIDO EM VOLTA DO ROLO DE PAPEL TOALHA OU ALUMÍNIO, DEIXANDO UM ESPAÇO DO TAMANHO DO ROLO DE PAPEL HIGIÊNICO.
2. ENCAIXE O ROLINHO MENOR NO ROLINHO MAIOR PARA QUE O OBJETO GANHE O MOVIMENTO DE PERTO E DE LONGE. POR FIM, COLE AS FIGURAS EM SUA LUNETA.

atividade para sala de aula

**Habilidades de educação financeira**

• Aplicar em seu dia a dia a **Metodologia DSOP** de Educação Financeira, compartilhando com outras pessoas maneiras de recriar um objeto utilizando algo já existente.

**5.** NICO, ISA, MATHEUS E MÔNICA ESTÃO DE PIJAMAS PRONTOS PARA DORMIR, MAS ELES NÃO TÊM AS PANTUFAS. VAMOS ENSINÁ-LOS A FAZER PANTUFAS PARA USAR NO DIA DO ACAMPAMENTO?

## MATERIAIS

- 1 PAR DE MEIAS USADAS
- LÃ
- PAPELÃO
- COLA QUENTE
- FIGURAS DESTACÁVEIS

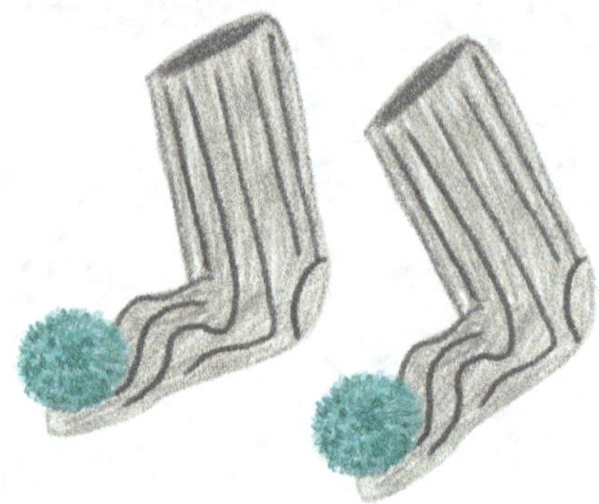

## MODO DE PREPARO

1. FAÇA UM CÍRCULO COM O PAPELÃO E ENROLE A LÃ NELE.
2. RECORTE A LATERAL E, EM SEGUIDA, PASSE UM PEDAÇO DE LÃ NO CENTRO DO CÍRCULO, AMARRANDO BEM FORTE PARA NÃO SOLTAR
3. RETIRE O PAPELÃO E PUXE A LÃ ATÉ FORMAR O POMPOM.
4. FINALIZE COLANDO OU COSTURANDO O POMPOM DECORADO EM CIMA DA MEIA.

1.

2.

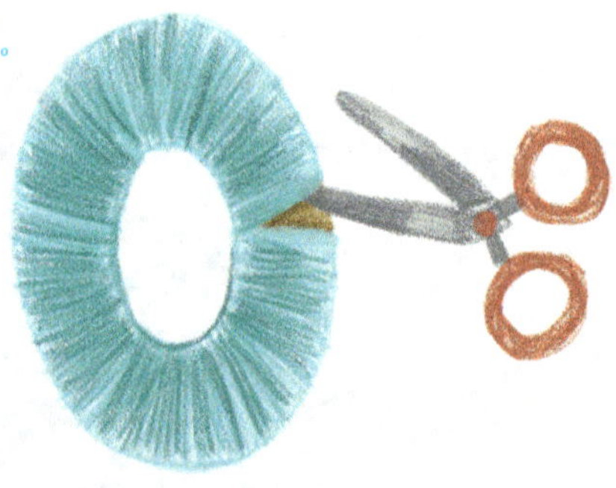

3.

**6.** NICO VAI LEVAR UM QUEBRA-CABEÇA PARA O ACAMPAMENTO. RECORTE AS PEÇAS E AJUDE-O A MONTAR.

atividade para sala de aula

**Habilidades de educação financeira**

- Identificar brincadeiras que não requerem alto custo;
- Relacionar imagens referentes ao momento vivenciado.

**7.** PARA O ACAMPAMENTO NA ESCOLA, NICO VAI PRECISAR DE UM PIJAMA. RECORTE AS PEÇAS DE ROUPA E MONTE NO PERSONAGEM.

atividade para sala de aula

**Habilidades de educação financeira**

- Desenvolver olhar crítico e senso de escolha por meio da interpretação da cena e de seus elementos;
- Aperfeiçoar os conhecimentos a respeito dos sonhos.

atividade para sala de aula

**Habilidades de educação financeira**

- Perceber que reutilizar recursos gera economia e auxilia na realização dos seus sonhos.

**8.** NICO GOSTA DE SE COMUNICAR COM SEUS AMIGOS E, NO ACAMPAMENTO, VAI PRECISAR MUITO DE UM SUPER TELEFONE. VAMOS USAR A CRIATIVIDADE E AJUDÁ-LO A FAZER UM?

## MATERIAIS

- 2 LATINHAS DE ALUMÍNIO OU COPOS PLÁSTICOS
- BARBANTE
- FIGURAS DECORATIVAS OU ADESIVOS
- COLA

## MODO DE PREPARO

1. SE FOR USAR AS LATINHAS, SEPARE-AS SEM AS TAMPAS.
2. PEÇA PARA A PROFESSORA FAZER UM FURO CENTRALIZADO NO FUNDO DA LATA.
3. PASSE O BARBANTE PELO FURO E DÊ UM NÓ PARA QUE O BARBANTE NÃO SAIA PELO BURACO. REPITA O PASSO NAS DUAS LATAS.
4. ESCOLHA AS IMAGENS DECORATIVAS OU ADESIVOS E COLE EM SEU LINDO TELEFONE. AGORA É SÓ BRINCAR COM OS COLEGAS, NÃO SE ESQUEÇAM DE TOMAR UMA DISTÂNCIA PARA QUE O BARBANTE FIQUE BEM ESTICADO.

atividade em sala de aula e em casa

**Habilidades de educação financeira**

- Montar estratégias para alcançar os sonhos.

**9.** O SONHO DE NICO É TER UM SACO DE DORMIR PARA LEVAR AO ACAMPAMENTO NA ESCOLA. O OBJETO, ALÉM DE PROTEGÊ-LO DO FRIO, É IDEAL PARA ESSE TIPO DE ATIVIDADE EM QUE NICO NÃO IRÁ DORMIR NA CAMA DELE. VAMOS APRENDER A FAZER?

## MATERIAIS

- COBERTOR DE SOLTEIRO USADO
- FITA DE CETIM LARGA DO TAMANHO DO CONTORNO DO COBERTOR
- TESOURA

## MODO DE FAZER

1. PROFESSORA, ABRA O COBERTOR EM UMA MESA (FIGURA 1) E DOBRE AO MEIO SEGUINDO O COMPRIMENTO (FIGURA 2). FAÇA FUROS NAS LATERAIS DO COBERTOR, DEIXANDO SOMENTE O ESPAÇO QUE A CRIANÇA IRÁ USAR PARA ENTRAR NO SACO.
2. EM SEGUIDA, PEÇA AOS ALUNOS PARA QUE PERPASSEM A FITA DE CETIM COMO UM CADARÇO (FIGURA 3) E QUE AMARREM PARA QUE ELA NÃO SE SOLTE. PRONTO! AGORA É SÓ ENTRAR NO SACO DE DORMIR E SENTIR ESSA NOVA SENSAÇÃO.

1.

2.

3.

## Reinaldo Domingos

nasceu em Casa Branca, interior de São Paulo. Filho de pai ferroviário e de mãe autônoma, aos 12 anos de idade realizou o primeiro dos seus muitos sonhos: comprar uma bicicleta. Atualmente, é PhD em Educação Financeira e mentor de uma metodologia comportamental, a Metodologia DSOP, que aprendeu quando ainda era apenas uma criança, sobre como era possível realizar todos os sonhos – materiais ou não materiais.

Autor do long-seller Terapia Financeira e de diversos outros livros. Publicou as séries O Menino e o Dinheiro e O Menino do Dinheiro; e os livros O Menino do Dinheiro em Cordel, Sem Sonhos, O Sumiço do Cebola, A Menina do Rio, Diário dos Sonhos, entre outros. É autor, ainda, de três Coleções Didáticas de Educação Financeira para o Ensino Básico do país, adotadas por diversas escolas públicas e privadas.

TODA CRIANÇA TEM O DIREITO DE...

SONHAR...

E

REALIZAR!